NIVEL
1

Los Dinosaurios

Kathleen Weidner Zoehfeld

NATIONAL
GEOGRAPHIC

Washington, D.C.

Para Whitley

Libro en rústica comercial: 978-1-4263-2482-6
Encuadernación de biblioteca reforzada: 978-1-4263-2483-3

Ilustraciones hechas por Franco Tempesta, salvo las mencionadas a continuación:
5, 32 (abajo, izquierda): © Will Van Overbeek/NationalGeographicStock.com; 6-9, 23, 32 (abajo,
derecha): © Louie Psihoyos/Corbis; 11 (arriba, izquierda): © Brooks Walker/NationalGeographic
Stock.com; 11 (arriba, derecha): © Xu Xing; 18: © James Leynse/Corbis; 20: © Francois Gohier/Photo
Researchers, Inc.; 26-27: © Karel Havlicek/NationalGeographicStock.com; 28: © Joel Sartore/
NationalGeographic Stock.com; 29: © National Geographic/NationalGeographicStock.com; 31:
© Paul Bricknell/Dorling Kindersley/Getty Images; 32 (arriba, derecha): © Lynn Johnson/
NationalGeographicStock.com

**National Geographic apoya a los educadores K-12 con Recursos del ELA Common Core.
Visita natgeoed.org/commoncore para más información.**

Tabla de contenidos

¡Huesos grandes y escalofriantes!

¿Alguna vez has visto los huesos de un dinosaurio en un museo? ¡Algunos son enormes! Si esos huesos empezaran a caminar, darían mucho miedo.

Pero no te preocupes. Todos los grandes y escalofriantes dinosaurios murieron hace muchos, muchos años.

Los huesos no siempre estuvieron en los museos. ¿Dónde estaban entonces?

Palabras claves

MUSEO: Un edificio donde puedes ver huesos de dinosaurios y otras cosas únicas e importantes

Desenterrando dinosaurios

Los huesos de los dinosaurios estuvieron enterrados en piedra durante mucho tiempo.

Los huesos son fósiles. Los paleontólogos los encontraron y los desenterraron.

Palabras claves

FÓSIL: Parte de un ser vivo conservada en piedra

PALEONTÓLOGO: Un científico que busca y estudia fósiles

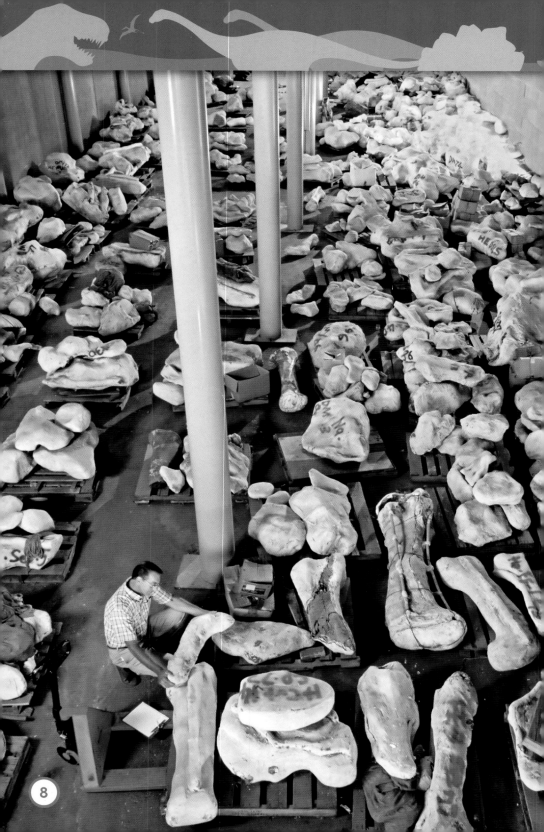

Los paleontólogos trajeron los huesos fósiles al museo y los limpiaron. Después, los armaron.

Los huesos estaban adentro del dinosaurio. ¿Pero cómo se veían sus cuerpos por fuera?

La piel del dinosaurio

A veces la piel del dinosaurio dejaba huellas en el lodo. Luego, el lodo se endureció y conservó las huellas.

Estos fósiles nos indican que algunos dinosaurios tenían escamas, como las lagartijas.

Triceratops

Fósil de la piel

Fósil de una pluma

Y otros dinosaurios tenían plumas, como los pájaros.

Buitreraptor

Dinosaurios superestrellas

Tiranosaurio rex
era uno de los carnívoros más grandes que habitó la Tierra.

Diplodocus
era uno de los dinosaurios más largos que los científicos encontraron.

Paquicefalosaurio
caminaba en dos patas y tenía una cabeza gruesa y ovalada.

Triceratops
tenía una cabeza enorme con tres cuernos grandes y un cuello ancho con una extensión craneal.

Anquilosaurio
era un dinosaurio con armadura. Tenía un mazo sólido en la punta de la cola.

Estegosaurio
tenía filas de placas altas a lo largo de la espalda. Su cola tenía cuatro espinas mortales.

Los más pequeños

Si visitas el museo, no te olvides de buscar a los dinosaurios más pequeños.

Algunos son tan pequeños que los puedes sostener con tus manos. Muchos dinosaurios pequeños tenían plumas.

Microraptor

Tú

Microraptor

Los gigantes

Los dinosaurios más grandes eran los saurópodos con sus cuellos largos. ¡No los puedes perder! Los saurópodos como *Argentinosaurio* son los animales terrestres más grandes que han existido.

Argentinosaurio

Tú

Argentinosaurio

Caminando en puntas de pie

La rodilla

Grandes o pequeños, con escamas o con plumas—todos los dinosaurios caminaban en puntas de pie.

El tobillo

Los dedos del pie

Y todos los dinosaurios tenían cuellos curvos en forma de S.

El cuello

Edmontosaurio

¿Qué comían los dinosaurios?

Los dientes de un dinosaurio nos indican qué comía. *Braquiosauro* y *Diplodocus* eran herbívoros. Tenían muchos dientes en forma de cincel. Sus dientes servían para cortar ramas duras.

Un fósil de *Diplodocus*

Braquiosauro

Deinonicus

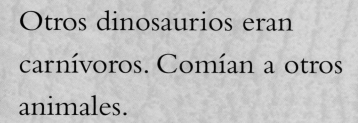

Otros dinosaurios eran carnívoros. Comían a otros animales.

Deinonicus tenía los dientes tan afilados como los cuchillos. Eran perfectos para cortar carne.

Un diente del carnívoro *Tiranosaurio rex*

Dinosaurios mamás y bebés

Todos los dinosaurios, aún los carnívoros más terroríficos, ponían huevos y tenían bebés.

Algunos, como el *Oviraptor*, protegían sus nidos y mantenían los huevos calentitos. Cuando los bebés nacían, los padres los cuidaban hasta que eran lo suficientemente grandes como para sobrevivir solos.

Oviraptor

¿Es ESO un dinosaurio?

Muchas personas creen que cualquier cosa grande que ya no existe es un dinosaurio. Pero eso no es verdad.

¿Es ESTO un dinosaurio?

El mamut lanudo

¡No! El mamut lanudo era enorme.
Pero este animal no ponía huevos
como un dinosaurio. Y tenía pelo. Los
dinosaurios no tenían pelo.

El mamut lanudo continuó viviendo
después que los dinosaurios se
extinguieron.

Palabras claves

EXTINTO: Sin vida.
Cuando todos los
miembros de un
grupo de animales
han muerto, se
convierten en una
raza extinta.

¿Es esto un dinosaurio?

El gallo
un dinosaurio vivo

Camina con las puntas de su pie.
Tiene un cuello curvo. Tiene plumas
como los *Anchiornis*. Y pone huevos.

¡Sí! Un gallo es un dinosaurio. Todos
los pájaros son dinosaurios vivos.

Anchiornis
un dinosaurio extinto

Tu mascota el dinosaurio

A muchas personas les encantaría tener un dinosaurio como mascota.

Quizás piensas que sería divertido jugar a la pelota con un Tiranosaurio rex. Pero no te gustaría estar cerca suyo a la hora de cenar. Y además, ¡está extinto!

Si quieres un dinosaurio propio, busca uno pequeño. Un dinosaurio pequeño sería una muy buena mascota.

EXTINTO: Sin vida. Cuando todos los miembros de un grupo de animales han muerto, se convierten en una raza extinta.

FÓSIL: Parte de un ser vivo conservada en piedra

MUSEO: Un edificio donde puedes ver huesos de dinosaurios y otras cosas únicas e importantes

PALEONTÓLOGO: Un científico que busca y estudia fósiles